CHAVIRER

PERCE-NEIGE / POÉSIE

Dépôt légal : 3e trimestre 2025
Bibliothèque et Archives Canada
Bibliothèque et Archives nationales du Québec

Conception graphique de la couverture : atelier 46
Photo en couverture : *La maison de l'arpenteur*, Guillaume Lavoie, 2023
Mise en pages et adaptation numérique : Studio C1C4
Révision linguistique : Catherine Pion

Catalogage avant publication de Bibliothèque et Archives Canada

Titre : Chavirer / Guillaume Lavoie.
Noms : Lavoie, Guillaume (Traducteur), auteur.
Collections : Collection Poésie (Éditions Perce-Neige)
Description : Mention de collection : Collection Poésie | Poèmes.
Identifiants : Canadiana (livre imprimé) 20250185156 | Canadiana (livre numérique) 20250185172 | ISBN 9782896914852 (couverture souple) | ISBN 9782896914869 (EPUB)
Vedettes-matière : RVMGF : Poésie.
Classification : LCC PS8623.A8374 C43 2025 | CDD C841/.6—dc23

Les Éditions Perce-Neige
315-236, rue St-George
Moncton (N.-B.)
Canada E1C 1W1

editionsperceneige.ca
info@editionsperceneige.ca
Tél. : 506 248-8038

La production des Éditions Perce-Neige est rendue possible grâce à la contribution financière du Conseil des Arts du Canada, de la Direction des arts et des entreprises culturelles du Nouveau-Brunswick et du Fonds du livre du Canada.

Guillaume Lavoie

CHAVIRER

ÉDITIONS
PERCE-NEIGE

à Anne-Sara, Clara et Léonie

Brume

Je gis sur la côte
couché sur le dos
ou sur le ventre
c'est pas important
j'ai les yeux fermés
disons sur le dos

les flocons d'explosions
tombent et s'accumulent
pendant que je pense
à ma prochaine move

cette illusion de contrôle
est une présentation
de ma candeur légendaire

J'ai perdu pied
dans un tas
de souvenirs flous
les erreurs sur shuffle
j'ai oublié celles qui brulent

je m'effeuille facilement
quand on me prend
sans pitié

la ligne est mince
entre les personnes qu'on aime
et celles qui nous font chavirer

La beauté dévastatrice
des forêts plantées à la main
est invisible à la diagonale
perceptible seulement
de face

dans les lacs artificiels
les noyés meurent
pour vrai
peu importe la perspective

Depuis le naufrage
dans la baie en slush
le frette a pogné
aucun rayon ne traverse
ma coquille
et mes draps de flanelle
m'irritent jusqu'au sang

ça fait longtemps
qu'il ne fait pas beau
le cliché de mon point de bascule
se décolore dans son cadre poussiéreux

Dernièrement les bonnes nouvelles sont rares
et les tragédies sont trop tendance

le plaisir tient à un fil
sur la ligne mince
entre l'amour et l'étouffement

notre image s'embrouille
les rôles ne sont plus clairs
les désirs non plus

j'attendrai un peu
avant de tout repeindre

Je fais de mon mieux
pour broker les restes
de notre histoire stérile

j'en garderai un pot
dans la chambre froide

un jour
mon lexique de marinades
te manquera

News flash

je suis l'annonceur
des mauvaises nouvelles
je n'arrive jamais
à l'improviste

je sais que demain
je perdrai tout

aujourd'hui le beau temps
est une présentation de ma tête
dans le sable

Tout enfariné
je repense à la lune
au soleil
à la pluie
aux impôts
aux brassées
aux poissons d'argent

à l'envie de répandre
ma sauce à spag sur les murs de la cuisine

au beau bricolage parascolaire
que tu découvriras
ou pas
en revenant de la job

À vrai dire
les poissons d'argent
dans la salle de bain
sont fucking nice
comparé au grand froid
qui est entré dans l'appart
pour brouiller les frontières
le soir où j'ai perdu
mon chemin
le nord
la carte

J'ai croqué la pomme à mon tour

je comprends tes regrets
maintenant
quand tu pop dans ma tête
c'est un souvenir
que j'ai envie de baiser

C'est sûr
j'aimerais me perdre encore
dans le verger
me gaver
comme une fin de famine
devenir moi-même
un arbre à fruits
mais ta culture
de démence m'effraie
autant qu'un insecte-surprise
dans une grappe de raisins
ou un jeune prêtre du malaise
dans le sentier
du Chemin de croix
de Sainte-Anne-du-Bocage

des fois
tu me donnes le gout
d'aller trop loin

mais je reste
un arbre solitaire
qui espère qu'on l'élague

Tout ébranché
je pogne moins dans le vent
mais je n'ai plus ce qu'il faut
pour te retenir

repasse quand tu veux
je ne bougerai pas d'ici

les saisons se suivront
et j'accumulerai les cernes
en espérant que les flammes
se rendent un jour à moi

Les autres arbres
me font des doigts d’honneur
les vagues ont le rythme
impossible et insupportable
d’un jazzman zélé

je suis une minuscule
victime du paysage
et je me réfugie
dans un trou de coque en attendant
la catastrophe qui me vengera

Plein d'aiguilles le vent
m'assaille en des salves
de la trempe de celles qui composent
les plus grands massacres
et j'exagère à peine

mais je sors pareil
parce que tu veux me voir
parce que je veux te voir
et parce que j'aime ça
quand ça pince

Difficile de comprendre
ce qui se passe
entre les arbres
les mollusques
l'écorce
et tout ce qui bouge en nous
si on reste derrière les vitres
qui déforment l'image

je dis toujours
ce qu'il ne faut pas
des fois je regrette
d'avoir une bouche

Depuis que j'ai cassé
les miroirs
mon histoire manque de lunes
je n'ai pas le temps
de dégauchir
mes maladresses accumulées

Depuis que j'ai appris
à embrasser les faux pas
je ne me prends plus
pour un autre

l'érosion bien amorcée
j'affronte les jours
avec la résilience
d'un galet
qui sèche entre les marées

un jour je t'enverrai mes photos
où s'exposent les ravages du temps

J'ai l'air top shape
mais j'ai quinze ans
presque quarante
j'ai un exposé oral
la fly baissée
presque game over

même plus le gout
de m'enivrer
même plus envie
de me couper les ongles

par chance
la fin du tableau se pointe
j'espère que le suivant
sera sous-marin

Bourrasques

À peine sorti du silence
je m'éveille
à la vitesse
d'un monolithe

les sacrifices gaspillés
hantent mes heures
et l'uniforme que je porte
ne me reconnait plus

J'ai seulement vu l'arbre
une fois la maison démolie
c'est dans ce décor tragique
que mon amertume a fui

les concombres moussent
quand on les frotte

Réveil étouffant
d'un rêve boucané
aussi fâché qu'un gardien
qui vient de scorer
dans son filet

j'avale mes doigts de scotch
en me pinçant
pour me rappeler
le privilège inestimable
de me faire mal
moi-même

J'aime retenir ma respiration
le plus longtemps possible
caresser la lame
en appuyant de plus en plus fort
me mettre la main
sur le rond de poêle à high
attendre la perte de contrôle
mais je tremble juste à penser
que je pourrais te croiser à l'épicerie

j'y vais quand même
parce que j'ai faim
et parce que j'aime ça
quand ça pince

Dans la ouate
de mes blackouts
j'attends
que quelque chose
d'important
se passe

dans les rares moments vrais
je me retiens de tomber
dans la face
à tout le monde
tel un poète du Madawaska
qu'on aurait lâché lousse
dans les bureaux d'Irving

Je suis souvent sorti
de moi-même en coup de vent
avant de revenir dans un méchant mess
comme un retour de voyage
entrepris sur un coup de tête

les bourrasques
sont des oiseaux morts
qui voulaient devenir
des ouragans
et mes rêves
d'ouragans
sont plus beaux
quand je dors

Les jours coulent
le flot est régulier
et les questions que je pose
gagnent en ridicule

face aux possibilités infinies
je reste chez nous à contempler
mon compte qui s'assèche
au rythme des prélèvements automatiques

plus beige que ça
tu craques

J'achèterai
le plus gros grille-pain en ville
mais je déjeunerai quand même
en chialant

entre croitre
jusqu'à tout déchirer
et mettre le feu
puis me sauver
je choisis toujours ce qui brille
et succombe sans cesse
au clignotement des annonces

mes incohérences
sont une présentation des cennes noires
qui marinent dans mes vieux pots de pickles

De plus en plus
sur la défensive
je flambe
la somme de mes fortunes
sur des jouets dangereux
et autres motoneiges

disciple de rien
ni personne finalement
je défendrai
n'importe quoi
n'importe qui
jusqu'à la mort
par plaisir
ou par orgueil

Un jour la honte
me fera disparaitre

si on te demande ce que je suis devenu
réponds que je suis un champ de bleuets
où les parasites s'en donnent à cœur joie
malgré le brulage

je reviendrai sous forme de confiture

Je suis toujours aussi satisfait
par le remplissage de mes réservoirs
mais maintenant j'apprends à me soucier
de mes gaskets fuyants

je n'espère plus la douce explosion
qui changera tout
depuis que j'ai vu une Kia prendre en feu

Peser sur des boutons
en se disant fuck
les cicatrices
le pire qui peut arriver
c'est de basculer du mauvais bord

je me demande
comment je verrais la vie
si la lumière partait du sol
à quoi ressembleraient mes relations
si j'ajoutais du solide à ma diète

Je porte la lâcheté
des patriarches ratés
et un traumatisme terne
qui cache la forêt

mon héritage
est plus tordu que le tien

Je cherche encore
le poème qui me sauvera

en attendant
je continue de me plaindre
le ventre bien ballonné

Mon absence a fait verdir
les arbres nus
quand je suis parti vivre la vie d'une autre
dans une ville où les ballons volent bas

de retour dans les parages
je cogne des clous
j'agrandis la chambre froide
en attendant de reprendre le large
pour permettre au paysage de fleurir

Je ne suis pas revenu pour comprendre
et bummer une ou deux smokes
je suis ici pour tout prendre
fumer toutes les smokes
jusqu'au filtre je retournerai me cacher
peut-être
pour toujours

Les bananes qu'on voit
sont déjà mortes
dans ma cuisine à l'abandon
dans ma vie en dérapage semi-contrôlé
dans un monde où les acouphènes
sentent le deux-temps
et où les vieux sont volubiles

je suis rarement d'humeur à jaser
praise the lord
pour les caisses libre-service

Je suis le reflet
des travers discrets
qui tissent les paroisses
et les drapeaux

j'implore l'étoile
qu'un déversement de sucre
me rende plus digeste
la vision d'un pays de mascottes
et d'esclaves charismatiques

Encore
un autre
poème
sur Moncton

même si Moncton n'existe plus
même si mes regrets au pouce carré
sont plus nombreux à Moncton
que n'importe où ailleurs

Moncton
m'angoisse
quand j'angoisse
j'ai faim

Dieppe au crabe
Dieppe aux crevettes
Dieppe au chocolat
direct dans la rivière
quand j'angoisse
je m'enfarge
dans les parenthèses

j'ai oublié où Moncton finit
où Dieppe commence

Moncton Moncton
Moncton Mantra
Dieppe me déprime
Moncton migraine
Moncton margarine

Les relents nostalgiques ont
cette faculté de brasser les cartes
sournoisement
et de scraper une journée

Comme tout le monde
j’ai vu la beauté
quand j’ai arrêté de chercher

j’ai juste été plus lent
mêlé trop longtemps
j’ai manqué de prises
où m’accrocher
avant de finir
effoiré dans la gravelle

comme une coque
je prends mon temps pour me relever

la prochaine fois que je sortirai de mon trou
ce sera pour t’accueillir dans une maison
où les gens se battent
pour naitre

Cabane

Je longe la rive
les doigts croisés
en espérant que ton corps
soit une presqu'ile

je cherche encore ma maison

Jusqu'à vouloir tout abandonner
les pléonasmes religieux
et l'ininflammabilité
des presbytères
m'ont miné le moral
depuis je marche
en radotant

à l'orée des cent jours
l'inconfort du moment
est la seule certitude
assoiffé je bois
à même la fontaine
avant de repartir
vers un éventuel miracle

regarder en arrière
est aussi vertigineux
que regarder en bas

même l'ombre de la vierge
a la tête basse

Dans le coin d'un repaire
de malheurs superficiels
j'écoule mes jours
et je refuse d'être
à l'image de cette ville

je compte mes doigts
précipite les nuits
j'aimerais encore revenir en arrière
faire d'autres erreurs
connaitre pire

j'ai été voir ailleurs
même à Bathurst
ça manquait de fantômes

ici c'est parfait
finalement

Quand on atteint
la bonne noirceur
on voudrait s'en faire un abri
un camouflage déconcertant
d'où on ne sortirait jamais

la douce coupure
d'avec le monde
est un remède
pas une blessure

La nuit
dans mon dos
mes envies
s'échangent
le matin
je me sens sale
mes démons
sont des chansons magnifiques
la couleur du soir
me réconforte
et sa fraicheur m'anesthésie
le temps d'un autre cycle

mais si je me lève
du bon pied
l'ombre d'une psychose me terrorise
alors je l'ampute
avec ma meilleure lame
espérant que demain
soit moins inquiétant

Les brulures de la lune s'adoucissent
les nuits se réchauffent
les matins dévoilent
une lueur à faire rougir

je pense que ça va bien
mais l'existence de certains insectes
me fait douter de tout

on ne s'habitue jamais
aux piqures de brulots

Tout finira par arriver
je t'achèterai un chiot
qui mourra avant nous
nous mourrons
avant les érables
pour les palourdes
c'est vraiment long
le conditionnel n'existe pas
pour les êtres patients

Quand je te vois
je suis un petit enfant
qui flatte un chat
plus tendre qu'une viande
dont les tissus ont abandonné

quand je te vois
je me surprends à souhaiter
le retour du grand froid
qui figerait le temps

Tu es un café chaud
et je te veux chaque matin
en urgence dans ma bouche
après les questions habituelles
même si ça brule
même si c'est amer

les fluides qu'on avale
et ceux qu'on produit
n'ont pas la même importance

ç'a l'air de rien dit de même
mais l'inverse serait vraiment inquiétant

si pour la science
je buvais ton sang
tous les dimanches
ça aussi
ce serait inquiétant

Dans l'intervalle
des moments frais à mariner
je suis le transistor
de tes mauvais jours
et le chaos de notre temps libre
me pousse à m'encabaner
jusqu'à la démence

malgré l'ombre qui plane
sur aujourd'hui
les jours de pluie
sont plus nombreux dans les archives
que dans ma mémoire

Dès que je passe
plus de deux jours
seul dans le décor
ma vie devient
un court métrage
au générique digne
des déserts les plus vides

ton nom est un mirage
ma solitude un film muet

Ma voix intérieure m'attaque
en pulsions de collision frontale
je suis terrifié à l'idée d'y succomber
et de perpétuer le déracinement

malgré ma lâcheté héréditaire
je garde le cap
en m'enfargeant dans les incartades

j'arriverai épuisé

Je me ferai crucifier en caleçon
me moquerai de ta pudeur
mais ce sera pour rire
tu riras nous rirons
nous repasserons
au feutre
les grandes lignes
de notre histoire
les jours de pluie
n'existeront plus
et comme une cerise
sur quelque chose d'insignifiant
quand ça ne servira plus à rien
je serai ton parapluie

Je fais trop fréquemment le rêve
où nous ébarbons les homardiers
pour qu'ils flottent plus doucement
sans briser la vague

nous y sommes des artisans inutiles
dans un cauchemar doux
peut-être un aperçu de la mort

pour cette raison je l'avoue
j'ai quand même un peu peur
de l'éternité

En suspens
dans l'Océan
je parle du train
je suis bercé par la cadence
de mes accouchements
d'une grande diversité

la verdure dans la fenêtre
me donne envie d'y plonger
pour m'imprégner de vérité
à l'intérieur j'hésite
entre la honte ou la fierté
de ce que je deviens

je ne suis probablement pas assez inquiet
de la carence en vitamines
qui réduit mon espérance de vie

Je voudrais ressentir à nouveau
les émotions passées
celles à l'origine des rares moments
où mes yeux secs ont compris
qu'ils ont l'étoffe des rivières

malheureusement
ma vieille carcasse est trop maganée
pour endurer les voyages dans le temps

mon dos souffre encore
de mon dernier trajet
entre Montréal et Caraquet

Ça m'arrive
des fois
quand ça va trop bien
de me faire un sandwich
d'oublier les règles
de retourner en arrière
de migrer vers le sud

c'est lourd
il fait chaud
les coquilles craquent
je marche sur
des pots cassés

les figures sont floues
mon deck est truqué
je l'avoue
mais il y a quand même des cartes
que j'ai pas envie de jouer

Dans l'attente
de la volonté
d'un vrai changement
j'ai choisi d'être à la fois
la bouée et le courant
qui tire les baigneurs
vers un monde où les oiseaux
ne sont que de passage

je suis le chantier
et la ruine
je te jure
la gravel pit
la dump clandestine
le nouveau bypass
la plaque de pave noircie
je te jure
que l'équilibre
finira par briller
dans l'intervalle j'oscille
entre les nuages
et la piste cyclable

même si j'ai l'air de chômer
je te jure
que je travaille
sur moi

La douceur s'apprend
le noir le bleu ciel
se ressemblent souvent
les jours ont tous une fin
les incendies aussi
même s'il y a des bouts plates

pluie pas pluie
ça va toujours être beau
un truck de pompiers
un soir de printemps

À essayer de profiter
des journées qui rallongent
nous oublions les brassées de lavage
et pleurons
devant la mer
de guenilles à plier

la lueur de la lune nous rappelle
la grande marée qui approche

quand on se compare
on se comprend

Ce sera toujours plus facile
de se laisser débouler
que de remonter les côtes

le jour où j'aurai épuisé
ma réserve de petits deuils
et de gros frettes
j'érigerai une nouvelle montagne
puis je reprendrai mon rituel
jusqu'à l'épuisement

je te jure
c'est toujours quand on est mort de fatigue
qu'il se passe quelque chose

Danse lyrique
au son des pops
des pots Mason
qui se scellent
la switch à off
la chaleur n’est plus
seulement qu’une odeur
les enfants ont enfin
le sommeil heureux
il se passe quelque chose

Traces

Des versions embryonnaires des poèmes *Nous ébarbons les homardiers*, *Je gis sur la côte*, *Comme tout le monde*, *Dernièrement les bonnes nouvelles sont rares*, *Quand ça va trop bien*, *Tout enfariné*, *Le remplissage de mes réservoirs*, *J'ai croqué la pomme à mon tour* et *Peser sur des boutons en se disant fuck* ont fait partie du vidéopoème *Eau grise*, réalisé par Maryse Arseneault dans le cadre d'une résidence de création au Festival acadien de poésie de Caraquet. Le vidéopoème a également été présenté à l'édition 2023 du Festival international du cinéma francophone en Acadie, à Moncton.

Les poèmes *Entre les arbres et nous* et *Depuis que j'ai cassé les miroirs* sont le fruit d'une résidence de création au Projet Borgitte, à Cap-Pelé, avec Maryse Arseneault et Xénia.

Les premières versions de *La nuit dans mon dos* et de *Tu es un café chaud* ont été écrites dans le cadre d'une résidence de création à l'évènement Intervalles de Caraquet où j'avais été jumelé avec l'artiste collagiste Tania Gallien.

Des versions légèrement différentes des poèmes *À peine sorti du silence*, *J'aime retenir ma respiration*, *Dans le coin d'un repère*, *News flash* et *Encore un autre poème sur Moncton* ont été publiées dans le numéro 111 de la revue *Exit*, aux Éditions Gaz Moutarde, dans le cadre d'un dossier préparé par Sébastien Bérubé.

Table

Brume

Bourrasques

Cabane

Envie de continuer à lire ?
Découvrez tous les livres de Perce-Neige :

Collection POÉSIE
Codirigée par Jonathan Roy et Émilie Turmel

Accompagnement éditorial
Jonathan Roy

Direction littéraire
Émilie Turmel

www.ingramcontent.com/pod-product-compliance
Lightning Source LLC
La Vergne TN
LVHW050755051026
849532LV00008B/2876
* 9 7 8 2 8 9 6 9 1 4 8 5 2 *